倒れたときや
認知症になったときにも役立つ

幸せに生きるための
エンディングノート

家族のために　自分自身のために

もしものときに役立つ
わたしの大切な情報をまとめたノートです。

名前

書き始めた日　　年　　月　　日

Contents

はじめに

はじめに ………………………… 4
このノートはこんなときに役立ちます

書き方のヒントとコツ ………… 7

いざというとき必要なこと

「わたしのこと」基本データ …… 8

持病・常用薬などの情報 …… 10

お金・資産

預貯金一覧 ……………………… 12

加入している保険一覧 ……… 14

クレジットカード一覧 ……… 16

口座引き落とし ……………… 17

有価証券・その他の金融資産 ・18

不動産 ………………………… 19

その他の資産 ………………… 20

大切なものリスト …………… 21

借入金 ………………………… 22

ローン・キャッシング ……… 23

加入している年金 …………… 24

MEMO ………………………… 25

わたしのこと

学歴と職歴……26
これまでの住所と電話番号……27

家族・親族

家族一覧……28
親族一覧……30
親族表……32
親族の命日MEMO……34
冠婚葬祭MEMO……35

友人・知人

友人・知人一覧……36
その他の連絡先一覧……40

医療・介護

余命告知と延命治療について……42
臓器提供と献体について……44
介護が必要になったら……46

葬儀・お墓

葬儀についての希望……50
埋葬などについての希望……54

相続・遺言

遺産相続について……56
遺言書について……58
相続税について……60
相続財産について……62
遺産相続の希望……64
自筆証書遺言の例……66
持ち物の整理について……68

デジタル関連

デジタル関連の遺産について……70
デジタルデータをどうするか……72
登録ウェブサイトの一覧……74

その他

気になることMEMO……75
好きなこと・苦手なこと……76
ペットについて……77
大切な人へのメッセージ……78

はじめに

この「幸せに生きるためのエンディングノート」は、
あなたに関する情報をわかりやすくまとめておくノートです。
「もしも」のとき、家族が困らないように、預貯金のこと、保険のこと、
重要な連絡先などを整理し、このノートに書き記しておきましょう。
スマートフォンやパソコンなどのデジタル関連、介護、相続・遺言、葬儀・お墓など、
気がかりについても記しておくと、家族は助かります。
また、終活のためだけでなく、お財布やスマホをなくしたとき、パソコンが壊れたとき、
緊急入院したときなど、あなたがピンチのときにも、このノートは役立ちます。
さらに、これまで歩んできた道を整理して書くことは、これからの人生を
どのように充実させるかを考えるヒントにもなるでしょう。ぜひ、活用してください。

このノートは こんなときに役立ちます

突然、病気になったとき

病気で緊急入院したときに、加入している医療保険や病歴、かかりつけの病院などの情報は重要です。あなた以外は把握していないことが多いので、家族の役に立ちます。

財布をなくしたとき

財布に入れたクレジットカードやキャッシュカードの不正利用を防ぐために、カード番号や引き落とし口座、発行会社や使用停止を届け出る連絡先などを記録しておくと、トラブルがあってもすぐに対処できます。

スマホの紛失やパソコンが壊れたとき

連絡先はスマホやパソコンの中、という人も多いのでは？ スマホやパソコンが壊れたり、スマホを紛失したりしたときの備忘録として、友人・知人の住所や電話番号、メールアドレスなどを書いておくと安心です。IDやパスワードの管理もできます。

保険の見直しや保険請求のとき

どんな保険に入っているか覚えていますか？ 生命保険、医療保険、損害保険などを一覧にしておけば、見直しや新たに入るとき、保険金を請求するときに役立ちます。

要介護や認知症になったとき

要介護や認知症になったとき、どのような介護を受けたいのか書いてあれば、介護を担う家族の助けになります。あなたの好みや趣味などがわかると介護もしやすくなります。また、どのような人生を歩んできたか、過ごした場所や学校などは、介護の際の会話のきっかけに。認知症になったときには、このノートのすべての情報が家族の役に立ちます。

家計や老後の生活資金について考えるとき

預貯金や不動産、住宅ローンなどをリストアップすることで、今後必要な生活資金について考えることができます。そしてもしものとき、どのような財産があるかわかると、残された家族も助かります。

事故や病気で意識がなくなったとき

延命治療を望むか望まないか、どのような治療を希望するか、本人に確認できない状況に陥ったとき、あなたの意思が文書として残されていると、家族の判断の大きな助けになります。

財産をどのように相続させるか悩むとき

財産をリストアップすることで、どのような財産があるのか、どれを配偶者や子に引き継いでもらいたいのか考えることができます。遺言や相続についての基本もわかるので、トラブルを防ぐための遺言作成のきっかけにもなります。

このノートは こんなときに役立ちます

葬儀やお墓で家族が迷ったとき

葬儀の方針を決めるとき、あなたの希望がわかれば家族の悩みが少なくなります。また、葬儀やお墓について考えることで、費用や生前に何を準備したらいいかが見えてきます。

家族が親戚、友人・知人の連絡先を知りたいとき

あなたが倒れたり亡くなったりしたときに、家族が親戚、友人・知人などに知らせる手立てとなります。だれに、どんなとき知らせてほしいのか、知らせなくてよいのか、またどういうつながりの友人・知人なのかなど、書いておきましょう。

パソコンやスマホ、SNSなどの情報が心配なとき

もしものときに心配なのが、パソコンやスマホに蓄積された情報などのデジタル資産や、利用しているSNSがどうなってしまうのかということ。どのようなデジタル資産があるのか、何を利用しているのか、家族にどのようにしてほしいか、書いてあれば対処できます。

家族が親族や家系について知りたいとき

親子で親族について話をする機会は意外と少ないものです。 家系図や連絡先などの記録があれば一目瞭然。親戚の連絡先は法事の連絡など、冠婚葬祭にも利用できます。

大切なペットのことが心配なとき

自分で世話ができなくなったとき、どのようにしたいのか具体的に準備をし、書き記しておきましょう。ペットの世話をお願いする場合、ペットについての情報があると世話をする側も安心して預かることができます。

書き方のヒントとコツ

❶ はじめに名前を書きましょう

だれが書いたかわかるように、必ず最初のページの名前の欄に書き入れましょう。
読んでほしい人の名前やメッセージも書いておきます。

❷ まずは「いざというとき必要なこと」から

8 ～ 15 ページの、緊急時に必要な
あなたの「基本情報」「緊急連絡先」「保険証・免許証」「かかりつけの病院」
「持病・常用薬」「預貯金」「保険」について記入しましょう。

❸ あとは書きたいところから書く！

緊急時に必要なことを記入したら、ページ順に書く必要はありません。
書きやすいところ、書きたいところから、少しずつでよいので書き進めましょう。

❹ 記入日は忘れずに書き入れて

各ページの上部に「記入日」欄があります。いつの情報かわかるように、
必ず書き入れましょう。書き直したとき、書き足したときは記入日を修正します。

❺ 筆記用具はなんでも OK

このノートは今のあなたの情報や意思を記録するものです。変更があれば、
何度でも書き直したり書き足したりしましょう。書き直しがしやすい鉛筆や
摩擦熱で消せるペンで書いてもよいですし、書いたあと修正テープで消しても OK。

❻ 今、読まれたくないページは綴じ込む

あなたが、今、人に読まれたくないと思うページは、テープや糊で綴じ込んでおきましょう。

❼ 貴重品と同じと考えて保管を

大切な情報を記したノートは貴重品です。
保管場所はよく考え、**紛失しないように気をつけましょう。**もしものときに
ノートを見てほしい**家族や信頼のおける人には保管場所を伝えておく**といいでしょう。

〈免責事項〉本書が提供する情報や内容を利用することで生じた、
いかなる損害および問題に対して、弊社では一切の責任を負いかねますので、ご了承ください。

まず書いておきたいこと

「わたしのこと」基本データ

記入日　　年　　月　　日

POINT

* 突然の入院や万が一のときに必要となる情報をまとめておきましょう。
* まずは 15 ページまで記入しておけば安心です。
* 名前とページ右上の記入日から書き始めましょう。

ふりがな

名前　　（旧姓）

生年月日　　年　　月　　日

血液型（RH ＋−）　　身長　　cm　　体重　　kg

住所　〒

電話　　携帯電話

FAX　　メールアドレス

本籍　　（出生地）

父の名前　　誕生日　　年　　月　　日
命日　　年　　月　　日

母の名前　　誕生日　　年　　月　　日
命日　　年　　月　　日

勤務先または所属団体　名称　　所属

所在地

電話　　FAX

緊急連絡先

記入日　　年　　月　　日

POINT

* いざというときに、まっ先に知らせてほしい人の連絡先を記入しましょう。

1 名前	間柄
連絡先	
2 名前	間柄
連絡先	
3 名前	間柄
連絡先	

保険証（マイナンバーカード）・免許証など

POINT

* マイナンバーカードやパスポート等の公的な管理番号や、その他の大切な番号の控えをとっておきましょう。紛失したときなどに役立ちます。

名称	記号・番号	備考
健康保険証		
介護保険証		
後期高齢者医療保険証		
運転免許証		
パスポート		
マイナンバー（個人番号）		

まず書いておきたいこと

持病・常用薬などの情報

記入日　　年　　月　　日

POINT

* 急な病気などのときに、普段の健康状態を知っている**かかりつけ医**がわかると家族は助かります。
* **薬や既往症、家族の病歴**なども、病気治療に役立つことがあります。

かかりつけの病院

病院名	診療科	担当医	
電話	受診内容		患者登録番号
病院名	診療科	担当医	
電話	受診内容		患者登録番号
病院名	診療科	担当医	
電話	受診内容		患者登録番号
病院名	診療科	担当医	
電話	受診内容		患者登録番号
病院名	診療科	担当医	
電話	受診内容		患者登録番号

過去にかかったことのある主な病気

病名・症状	治療期間	病院名

記入日　　　　年　　　月　　　日

持病と飲んでいる薬

病名・症状　　　　　薬の名前

いつごろから?　　　年　　　月　　　病院・担当医

病名・症状　　　　　薬の名前

いつごろから?　　　年　　　月　　　病院・担当医

病名・症状　　　　　薬の名前

いつごろから?　　　年　　　月　　　病院・担当医

病名・症状　　　　　薬の名前

いつごろから?　　　年　　　月　　　病院・担当医

病名・症状　　　　　薬の名前

いつごろから?　　　年　　　月　　　病院・担当医

アレルギー　□ 無　　□ 有　内容

MEMO

（両親・おじ・おば・兄弟姉妹等の病歴など）

まず書いておきたいこと

預貯金一覧

記入日　　　年　　　月　　　日

POINT

* 銀行、郵便局、信用金庫など、あなたの**預貯金口座の一覧**を作っておきましょう。
* インターネット専用銀行の口座や、ウェブ通帳のみの口座なども、忘れずに書いておきましょう。
* 備考欄には、記入日現在の残高や、**その口座の主な用途など**を書いておくと便利です。
* 銀行は名義人が亡くなったという連絡を受けると口座を凍結、入出金ができなくなります。口座からの自動引き落としもできなくなります。逆に家族が死亡の連絡をしなければ亡くなったあとも引き落としが続くことになります。

注意！

* 悪用される恐れがありますので、暗証番号は絶対に記入しないでください。
* 通帳や印鑑の保管場所は、ここには記入せずに家族や信頼のおける人に口頭で伝えておくことをおすすめします。（通帳と印鑑は別の場所に保管しておくほうが安全です。）

記入例

金融機関名	支店名・店番号	預貯金の種類
○○銀行	駅前支店・398	普通・定期・その他（普通に丸印）
口座番号 0123456	名義人 △山○子	Web用ID
備考 ○年○月○日現在、残高68万5000円。年金振込口座		

預貯金 * 1

金融機関名	支店名・店番号	預貯金の種類 普通・定期・その他
口座番号	名義人	Web用ID
備考		

預貯金 * 2

金融機関名	支店名・店番号	預貯金の種類 普通・定期・その他
口座番号	名義人	Web用ID
備考		

記入日　　年　　月　　日

預貯金 * 3

金融機関名	支店名・店番号	預貯金の種類 普通・定期・その他
口座番号	名義人	Web 用 ID
備考		

預貯金 * 4

金融機関名	支店名・店番号	預貯金の種類 普通・定期・その他
口座番号	名義人	Web 用 ID
備考		

預貯金 * 5

金融機関名	支店名・店番号	預貯金の種類 普通・定期・その他
口座番号	名義人	Web 用 ID
備考		

預貯金 * 6

金融機関名	支店名・店番号	預貯金の種類 普通・定期・その他
口座番号	名義人	Web 用 ID
備考		

預貯金 * 7

金融機関名	支店名・店番号	預貯金の種類 普通・定期・その他
口座番号	名義人	Web 用 ID
備考		

預貯金 * 8

金融機関名	支店名・店番号	預貯金の種類 普通・定期・その他
口座番号	名義人	Web 用 ID
備考		

まず書いておきたいこと

加入している保険一覧

記入日　　年　　月　　日

POINT

* 生命保険、医療保険、損害保険（自動車・火災・地震等）、個人年金保険など、もしものときにきちんと請求できるように、**契約している保険をまとめて記入**しておくと便利です。ネットで加入した保険も忘れずに書いておきましょう。
* 自分はもちろん、家族にもわかりやすく書くことが大切。
* 備考欄には、保険証券の保管場所や満期年月日などを記入しましょう。
* 個人年金保険については、
「確定年金（◯年）」「年金受取開始日」「年金額」などを内容欄に書いておきます。

記入例

保険会社名 ○○生命	保険の種類や商品名 総合医療保険 A コース	主にどんなときに請求できるか 病気やケガの死亡・入院時	
契約者名 △山○子	誰に（何に）かけている保険か（被保険者名） △山○子	保険金受取人 △山○夫	証券番号 A 12345-5432
保険期間 20XX 年4月1日～20XX 年3月31日	保険料・支払方法 3000 円／月 口座引き落とし	連絡先・担当者 TEL01-2345-XXXX 担当○○さん	
内容（保険金額・特約など） 入院時 5000 円／日　死亡時 1000 万円	備考 ○○銀行の貸金庫に保管		

保険 * 1

保険会社名	保険の種類や商品名	主にどんなときに請求できるか	
契約者名	誰に（何に）かけている保険か（被保険者名）	保険金受取人	証券番号
保険期間	保険料・支払方法	連絡先・担当者	
内容（保険金額・特約など）	備考		

保険 * 2

保険会社名	保険の種類や商品名	主にどんなときに請求できるか	
契約者名	誰に（何に）かけている保険か（被保険者名）	保険金受取人	証券番号
保険期間	保険料・支払方法	連絡先・担当者	
内容（保険金額・特約など）	備考		

記入日　　　　年　　　月　　　日

保険 * 3

保険会社名	保険の種類や商品名	主にどんなときに請求できるか	
契約者名	誰に（何に）かけている保険か（被保険者名）	保険金受取人	証券番号
保険期間	保険料・支払方法	連絡先・担当者	
内容（保険金額・特約など）	備考		

保険 * 4

保険会社名	保険の種類や商品名	主にどんなときに請求できるか	
契約者名	誰に（何に）かけている保険か（被保険者名）	保険金受取人	証券番号
保険期間	保険料・支払方法	連絡先・担当者	
内容（保険金額・特約など）	備考		

保険 * 5

保険会社名	保険の種類や商品名	主にどんなときに請求できるか	
契約者名	誰に（何に）かけている保険か（被保険者名）	保険金受取人	証券番号
保険期間	保険料・支払方法	連絡先・担当者	
内容（保険金額・特約など）	備考		

保険 * 6

保険会社名	保険の種類や商品名	主にどんなときに請求できるか	
契約者名	誰に（何に）かけている保険か（被保険者名）	保険金受取人	証券番号
保険期間	保険料・支払方法	連絡先・担当者	
内容（保険金額・特約など）	備考		

クレジットカード一覧

記入日　　年　　月　　日

POINT

* 連絡先を記入しておくと、紛失時に便利です。
* ポイントカードにクレジット機能がついているものや普段使っていないカードも、忘れずに記入しておきましょう。
* ブランドとは、JCB、VISA、Master Card など。
* 発行会社はカードの裏に記載されています。

注意！

* 不正利用されないように、暗証番号は書かないでください。
* カード番号はすべて書かずに、一部を伏せ字「XXXX」などにしてもかまいません。

記入例

ブランド	発行会社	カード番号
VISA	◯◯カード	1234-5678-8765-XXXX
紛失時の連絡先	Web 用 ID	備考
TEL01-2345-XXXX	abcdef	年会費無料、公共料金支払い用

ブランド	発行会社	カード番号
紛失時の連絡先	Web 用 ID	備考

ブランド	発行会社	カード番号
紛失時の連絡先	Web 用 ID	備考

ブランド	発行会社	カード番号
紛失時の連絡先	Web 用 ID	備考

ブランド	発行会社	カード番号
紛失時の連絡先	Web 用 ID	備考

ブランド	発行会社	カード番号
紛失時の連絡先	Web 用 ID	備考

ブランド	発行会社	カード番号
紛失時の連絡先	Web 用 ID	備考

ブランド	発行会社	カード番号
紛失時の連絡先	Web 用 ID	備考

口座引き落とし

記入日　　　　年　　月　　日

POINT

* 金融機関の**口座から自動引き落とし（口座自動振替）されているもの**を記入しましょう。
* 変更手続きの際などに家族が助かります。
* 公共料金などをクレジットカードで支払っている場合は、カード名を書いておきます。
* サブスクリプション（定額制のサービス）契約や〇〇ペイといった、
  モバイル決済の情報についても記入しておきましょう。
* **人が亡くなると、その人の預貯金口座が凍結され、お金を動かせなくなります。口座からの自動引き落としもできなくなります。**

項目	金融機関・支店名	口座番号	引き落とし日	備考
1　電気料金			毎月　日	
2　ガス料金			毎月　日	
3　水道料金			毎月　日	
4　電話料金			毎月　日	
5　携帯電話料金			毎月　日	
6　NHK 受信料			毎月　日	
7　新聞購読料			毎月　日	
8　保険料			毎月　日	
9　クレジットカードの支払い			毎月　日	
10　生協			毎月　日	
11　ケーブルテレビ			毎月　日	
12　さまざまな会費			毎月　日	
13			毎月　日	
14			毎月　日	
15			毎月　日	

備考

有価証券・その他の金融資産

記入日　　　年　　　月　　　日

POINT
* 株式、債券、投資信託、国債などの一覧です。
* ネット証券の口座も忘れずに書いておきましょう。
* 備考欄には記入日現在の金額や評価額を書いておくとよいでしょう。
* それ以外の金融資産（純金積立、ゴルフ会員権など）はその他の金融資産に記入しましょう。

証券口座など

金融機関名	取り扱い店名	連絡先・担当者
銘柄	口座番号	名義人
Web用ID	備考	

金融機関名	取り扱い店名	連絡先・担当者
銘柄	口座番号	名義人
Web用ID	備考	

金融機関名	取り扱い店名	連絡先・担当者
銘柄	口座番号	名義人
Web用ID	備考	

その他の金融資産

POINT
* その他の金融資産や、勤務先の持ち株会など、を記入します。

名称・銘柄・内容	名義人	証券会社・金融機関・取り扱い会社	連絡先・備考
例：プラチナ積立	△山○子	○○商事	01-2345-XXXX

不動産

記入日　　　年　　月　　日

POINT

* 所有する不動産について記入します。
* 一戸建て（集合住宅以外）の場合、**土地と建物を別々に記入**しましょう。
* 登記簿の記載内容はなるべく書いておきましょう。

種類　□ 土地　□ 建物　□ マンション・アパート　□ 田畑
□その他（　　　　　　　　　　）

用途　□ 自宅　□ 別荘　□ 貸家　□ 店舗　□ その他（　　　　）

名義人と持ち分

名前　　　　　　％　名前　　　　　　％　名前　　　　　　％

登記簿記載事項（所在地・面積・借地権・抵当権の設定の有無など）

備考

種類　□ 土地　□ 建物　□ マンション・アパート　□ 田畑
□その他（　　　　　　　　　　）

用途　□ 自宅　□ 別荘　□ 貸家　□ 店舗　□ その他（　　　　）

名義人と持ち分

名前　　　　　　％　名前　　　　　　％　名前　　　　　　％

登記簿記載事項（所在地・面積・借地権・抵当権の設定の有無など）

備考

その他の資産

POINT

* 美術品、骨董品、貴金属類、宝飾品、自動車など、
 その他の財産を記入しておきましょう。
* 大切なコレクションなどについては、右ページに記入しましょう。

その他の資産

記入日　　年　　月　　日

名称	内容・金額など	保管場所	備考

貸金庫・トランクルームなど

記入日　　年　　月　　日

契約会社	連絡先	場所	保管しているもの	備考

貸しているお金

記入日　　年　　月　　日

貸した相手の名前		連絡先	
貸した日	貸した金額	証書の有無　なし　あり（保管場所　）	
返済について　残債　円（　年　月　日現在）			
備考			

大切なものリスト

記入日　　　年　　月　　日

POINT

* コレクションや思い出の品など、あなたの**大切なものについて記入**します。
* 高価なものに関しては、おおよその値段を書いておくとよいでしょう。
* **このノートには法的効力はありません。**
「この人に譲りたい」といった希望がある場合は、**遺言書を書いて**おきましょう。
* 備考には、その処分方法を希望する理由やメッセージを書いておくことをおすすめします。

種類・名称

もしものときの処分方法の希望

保管場所

備考

種類・名称

もしものときの処分方法の希望

保管場所

備考

種類・名称

もしものときの処分方法の希望

保管場所

備考

種類・名称

もしものときの処分方法の希望

保管場所

備考

種類・名称

もしものときの処分方法の希望

保管場所

備考

種類・名称

もしものときの処分方法の希望

保管場所

備考

MEMO

借入金

記入日　　年　　月　　日

POINT

* 借金などの**負債も相続の対象**になります。
* 知人の借金の保証人になった場合、その**保証債務も相続の対象**となります。
* 家族があなたの借金や保証債務などを知っていると、**相続の際に相続放棄などを検討**することができます。
* 家族をトラブルに巻き込まないために、借入金や保証債務の記録は大切です。
* 借用書がある場合は、その**保管場所も備考欄に記入**しておきましょう。

借入金

借入先	連絡先	借入額　円　借入日　年　月　日
借入目的	返済方法	借入残高　円　年　月　日
返済口座名	完済予定日	担保の有無　なし　あり
保証人　なし　あり（保証人名　）	備考	

借入先	連絡先	借入額　円　借入日　年　月　日
借入目的	返済方法	借入残高　円　年　月　日
返済口座名	完済予定日	担保の有無　なし　あり
保証人　なし　あり（保証人名　）	備考	

借入先	連絡先	借入額　円　借入日　年　月　日
借入目的	返済方法	借入残高　円　年　月　日
返済口座名	完済予定日	担保の有無　なし　あり
保証人　なし　あり（保証人名　）	備考	

保証債務（借金の保証人など）

保証人になった日　年　月　日	保証した金額　円
主債務者（あなたが保証した人）	連絡先
債権者（お金を貸した人）	連絡先
備考	

ローン・キャッシング

記入日　　　年　　　月　　　日

POINT

* 現在、返済中のローンやキャッシングについて記載しましょう。

ローン

ローンの種類　□住宅　□自動車　□教育　□カード　□その他（　　　）		
借入先	借入年 年　　月	借入額
返済口座番号	毎月の返済日 日	毎月の返済額
完済予定 年　　月	担保の有無　なし　あり	保証人　なし　あり　保証人名
備考		

ローンの種類　□住宅　□自動車　□教育　□カード　□その他（　　　）		
借入先	借入年 年　　月	借入額
返済口座番号	毎月の返済日 日	毎月の返済額
完済予定 年　　月	担保の有無　なし　あり	保証人　なし　あり　保証人名
備考		

ローンの種類　□住宅　□自動車　□教育　□カード　□その他（　　　）		
借入先	借入年 年　　月	借入額
返済口座番号	毎月の返済日 日	毎月の返済額
完済予定 年　　月	担保の有無　なし　あり	保証人　なし　あり　保証人名
備考		

カードローン・キャッシング

借入先	カード会社名	カード番号	連絡先	借入残高	備考
				円 年　月　日現在	
				円 年　月　日現在	
				円 年　月　日現在	

加入している年金

記入日　　年　　月　　日

公的年金

基礎年金番号	加入したことのある年金の種類
	□ 国民年金（自営業、学生、専業主婦、無職など）
	□ 厚生年金（会社員・公務員）
	□ 共済年金（公務員）
	□ その他（国民年金基金など）

私的年金

POINT

* **企業年金や個人年金**についても記入しておきましょう。
  例）○○社厚生年金基金、○○社企業年金基金、確定拠出年金、財形年金貯蓄など
* 申請や死亡時連絡は、**公的年金だけでなく私的年金**についても行います。
* 個人年金保険については、14 ページの保険一覧に記入しておきましょう。

名称	連絡先	備考

記入日　　　年　　月　　日

MEMO

POINT

* 書ききれなかったことを書くスペースです。
* 通帳や印鑑などの保管場所を書く場合は、悪用されないよう、
ここにはヒントだけ書いておくことをおすすめします。
* 大事なものの保管場所は、家族や信頼のおける人に口頭で伝えておきましょう。

学歴と職歴

記入日　　　年　　　月　　　日

POINT

* 学歴は小学校から記入しましょう。
* 小学校入学は、自分の生まれた年に7年（早生まれの人は6年）を加えた年で、卒業はその6年後になります。
* **職歴は年金加入の確認にも必要**になる情報です。
* 「年」は、和暦と西暦の両方を書いておきましょう。

学歴

学校名　　　　　　　　卒業年月

備考

学校名　　　　　　　　卒業年月

備考

学校名　　　　　　　　卒業年月

備考

学校名　　　　　　　　卒業年月

備考

学校名　　　　　　　　卒業年月

備考

職歴

会社名　　　　　　　　在籍期間

仕事内容や実績など

会社名　　　　　　　　在籍期間

仕事内容や実績など

会社名　　　　　　　　在籍期間

仕事内容や実績など

会社名　　　　　　　　在籍期間

仕事内容や実績など

これまでの住所と電話番号

記入日　　　年　　　月　　　日

POINT

* **過去に住んだことのある**住所・固定電話の番号を記入しましょう。
* 詳しく思い出せない場合は、**都道府県名や市区町村名だけでも**書いておきましょう。
* 以前の住所や電話番号で登録した情報を探す際に役立ちます。

期間	住所	電話
年　　　月〜		
年　　　月〜		
年　　　月〜		
年　　　月〜		
年　　　月〜		

MEMO

（書ききれなかったことを書いたり、印刷したものを貼ったりしても OK です）

家族一覧

記入日　　年　　月　　日

POINT

* 家族について、まとめておくページです。
* 携帯電話の番号を書いておくと、スマホ紛失時や非常時に役立ちます。

ふりがな	続柄	生年月日
名前		年　月　日
住所　〒		
電話		
メールアドレス		
勤務先／学校	連絡先	
血液型	備考	

ふりがな	続柄	生年月日
名前		年　月　日
住所　〒		
電話		
メールアドレス		
勤務先／学校	連絡先	
血液型	備考	

ふりがな	続柄	生年月日
名前		年　月　日
住所　〒		
電話		
メールアドレス		
勤務先／学校	連絡先	
血液型	備考	

記入日　　年　　月　　日

ふりがな 名前	続柄	生年月日 年　　月　　日
住所　〒		
電話		
メールアドレス		
勤務先／学校	連絡先	
血液型	備考	

ふりがな 名前	続柄	生年月日 年　　月　　日
住所　〒		
電話		
メールアドレス		
勤務先／学校	連絡先	
血液型	備考	

ふりがな 名前	続柄	生年月日 年　　月　　日
住所　〒		
電話		
メールアドレス		
勤務先／学校	連絡先	
血液型	備考	

親族一覧

記入日　　　年　　月　　日

POINT

* おつきあいのある親族の連絡先をまとめておくページです。
* 家族が見たときわかりやすいよう、普段使っている呼び名や愛称なども記入しておきましょう。
* 続柄は、具体的に「いとこ(○○おじさんの長女)」などと書いておくとわかりやすくなります。
* 備考欄に家族構成などを書いておくと役に立ちます。
* **32ページに親族表**があります。
* **ほかに住所録がある場合**や、スマホ・パソコン・USBメモリ等に連絡先データがある場合は、**所在を明記**しておきましょう。プリントアウトして貼ってもかまいません。
* 万が一、データを消失してしまったときもこのページが役立ちます。

連絡先データの保管場所

□ 手帳・住所録など（保管場所　　　）

□ スマホ　□ パソコン（データの所在　　　）　□ その他（保管場所　　　）

備考

ふりがな

名前

呼び名や愛称

続柄

住所 〒

電話

メールアドレス

連絡してほしい「もしも」のとき　□入院　□危篤　□通夜・葬儀　□知らせない　□その他（　　　）

備考

ふりがな

名前

呼び名や愛称

続柄

住所 〒

電話

メールアドレス

連絡してほしい「もしも」のとき　□入院　□危篤　□通夜・葬儀　□知らせない　□その他（　　　）

備考

ふりがな

名前

呼び名や愛称

続柄

住所 〒

電話

メールアドレス

連絡してほしい「もしも」のとき　□入院　□危篤　□通夜・葬儀　□知らせない　□その他（　　　）

備考

記入日　　年　　月　　日

ふりがな 名前	呼び名や愛称	続柄
住所 〒	電話	
メールアドレス		
連絡してほしい「もしも」のとき □入院 □危篤 □通夜・葬儀 □知らせない □その他（　）		
備考		

ふりがな 名前	呼び名や愛称	続柄
住所 〒	電話	
メールアドレス		
連絡してほしい「もしも」のとき □入院 □危篤 □通夜・葬儀 □知らせない □その他（　）		
備考		

ふりがな 名前	呼び名や愛称	続柄
住所 〒	電話	
メールアドレス		
連絡してほしい「もしも」のとき □入院 □危篤 □通夜・葬儀 □知らせない □その他（　）		
備考		

ふりがな 名前	呼び名や愛称	続柄
住所 〒	電話	
メールアドレス		
連絡してほしい「もしも」のとき □入院 □危篤 □通夜・葬儀 □知らせない □その他（　）		
備考		

ふりがな 名前	呼び名や愛称	続柄
住所 〒	電話	
メールアドレス		
連絡してほしい「もしも」のとき □入院 □危篤 □通夜・葬儀 □知らせない □その他（　）		
備考		

親族表

記入日　　年　　月　　日

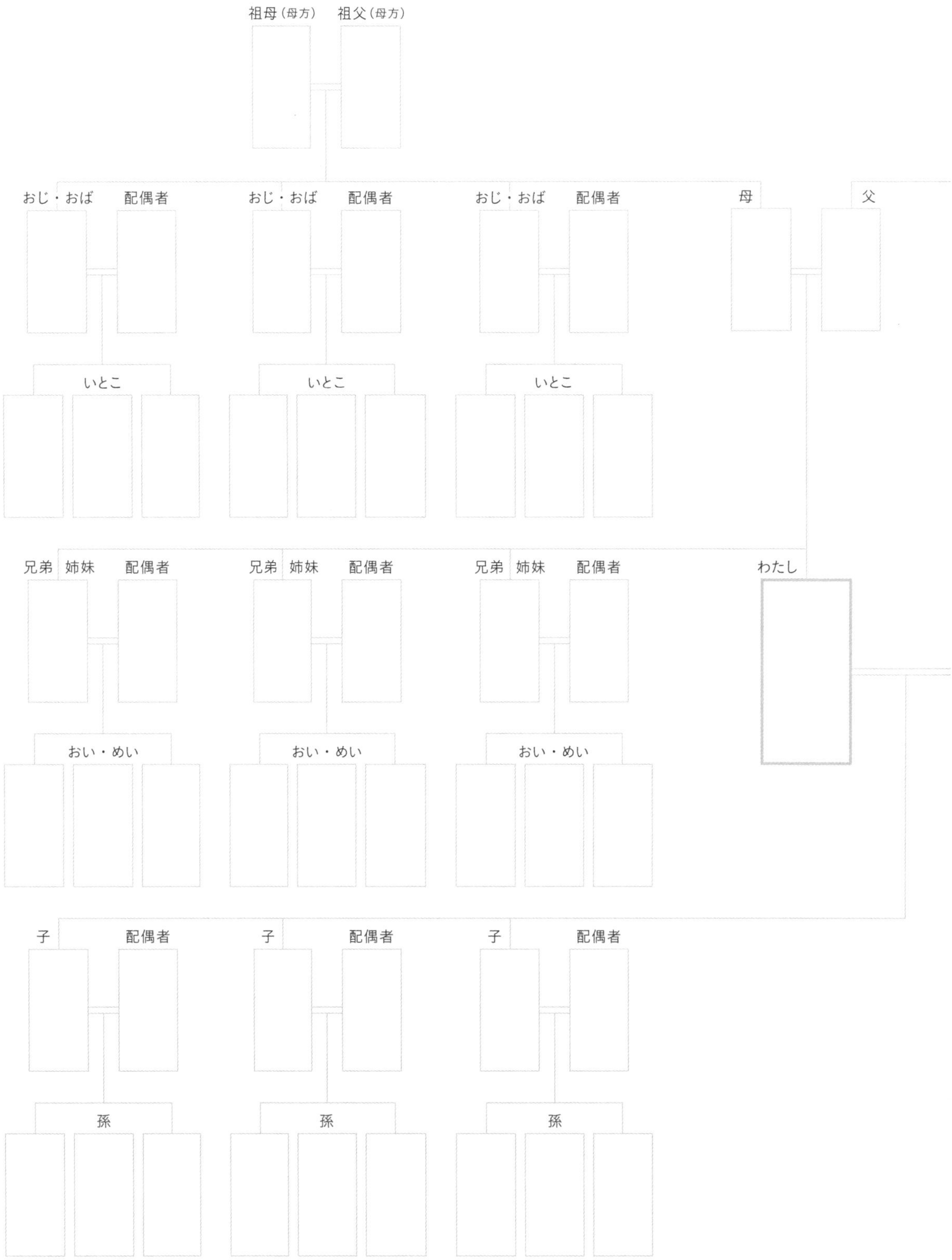

祖母（母方）
祖父（母方）
おじ・おば
配偶者
おじ・おば
配偶者
おじ・おば
配偶者
母
父
いとこ
いとこ
いとこ
兄弟　姉妹
配偶者
兄弟　姉妹
配偶者
兄弟　姉妹
配偶者
わたし
おい・めい
おい・めい
おい・めい
子
配偶者
子
配偶者
子
配偶者
孫
孫
孫

POINT

* 記入しておくと、**相続を考える際にも役立ちます。**
  法定相続人については、56ページを参照してください。
* 枠が足りない場合は、余白に書き加えてください。
* 名前がわからない場合は、
  枠の中に丸印だけでも書いておくようにしましょう。
* 亡くなった人の命日などを、
  次ページに記入しておきましょう。

祖母（父方）　祖父（父方）

おじ・おば　配偶者　おじ・おば　配偶者　おじ・おば　配偶者

いとこ　いとこ　いとこ

配偶者

義母の母　義母の父　義父の母　義父の父

義母　義父

義兄弟 姉妹　配偶者　義兄弟 姉妹　配偶者　義兄弟 姉妹　配偶者

おい・めい　おい・めい　おい・めい

家紋

名称

紋様

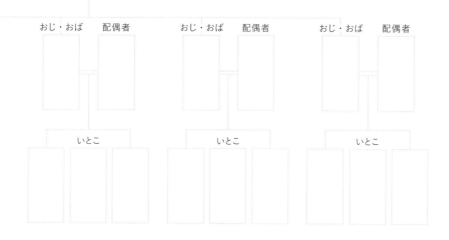

親族の命日 MEMO

記入日　　年　　月　　日

POINT

＊親族の命日を記入しておきましょう。

名前	続柄	命日
		年　月　日（享年　歳）

MEMO

名前	続柄	命日
		年　月　日（享年　歳）

MEMO

名前	続柄	命日
		年　月　日（享年　歳）

MEMO

名前	続柄	命日
		年　月　日（享年　歳）

MEMO

名前	続柄	命日
		年　月　日（享年　歳）

MEMO

名前	続柄	命日
		年　月　日（享年　歳）

MEMO

名前	続柄	命日
		年　月　日（享年　歳）

MEMO

POINT

＊親族に関することで、伝えたいことを書きましょう。

＊法要に関する決め事があれば書くのがおすすめ。

MEMO

冠婚葬祭 MEMO

記入日　　　年　　月　　日

POINT

* 家族・親族や大切な人の冠婚葬祭について記録しましょう。
* MEMO 欄には、祝儀・不祝儀の金額をメモしておくと便利です。

日時	行事の内容	MEMO
例：20XX（令和X）年 11月 3日	夫の甥（○○くん）の結婚披露宴	夫婦で出席、ご祝儀○万円

友人・知人一覧

記入日　　　年　　　月　　　日

POINT

* 友人や知人の連絡先をまとめておくページで、38・39ページにも書き込めます。
* 間柄は、「山登りサークルの仲間」「高校時代の友人、1年に一度は会う」など、具体的に書いておきましょう。
* 普段の呼び名（ニックネームなど）を書いておくと、家族にもわかりやすいです。
* **ほかに住所録がある場合**や、スマホ・パソコン・USBメモリ等に連絡先データがある場合は、**所在を明記**しておきましょう。プリントアウトして貼ってもかまいません。
* 万が一、データを消失してしまったときもこのページが役立ちます。

連絡先データの保管場所

□ 手帳・住所録など（保管場所　　　　）

□ スマホ　□ パソコン（データの所在　　　　）　□ その他（保管場所　　　　）

備考

ふりがな 名前	呼び名やアドレス帳登録名	間柄
住所 〒	電話	
メールアドレス		
連絡してほしい「もしも」のとき　□入院　□危篤　□通夜・葬儀　□知らせない　□その他（　　）		
備考		

ふりがな 名前	呼び名やアドレス帳登録名	間柄
住所 〒	電話	
メールアドレス		
連絡してほしい「もしも」のとき　□入院　□危篤　□通夜・葬儀　□知らせない　□その他（　　）		
備考		

記入日　　　年　　月　　日

ふりがな 名前	呼び名やアドレス帳登録名	間柄
住所　〒	電話	
メールアドレス		
連絡してほしい「もしも」のとき　□入院　□危篤　□通夜・葬儀　□知らせない　□その他（　　）		
備考		

ふりがな 名前	呼び名やアドレス帳登録名	間柄
住所　〒	電話	
メールアドレス		
連絡してほしい「もしも」のとき　□入院　□危篤　□通夜・葬儀　□知らせない　□その他（　　）		
備考		

ふりがな 名前	呼び名やアドレス帳登録名	間柄
住所　〒	電話	
メールアドレス		
連絡してほしい「もしも」のとき　□入院　□危篤　□通夜・葬儀　□知らせない　□その他（　　）		
備考		

友人・知人一覧

記入日　　年　　月　　日

ふりがな 名前	呼び名やアドレス帳登録名	間柄
住所 〒	電話	
メールアドレス		
連絡してほしい「もしも」のとき □入院 □危篤 □通夜・葬儀 □知らせない □その他（　　）		
備考		

ふりがな 名前	呼び名やアドレス帳登録名	間柄
住所 〒	電話	
メールアドレス		
連絡してほしい「もしも」のとき □入院 □危篤 □通夜・葬儀 □知らせない □その他（　　）		
備考		

ふりがな 名前	呼び名やアドレス帳登録名	間柄
住所 〒	電話	
メールアドレス		
連絡してほしい「もしも」のとき □入院 □危篤 □通夜・葬儀 □知らせない □その他（　　）		
備考		

記入日　年　月　日

ふりがな
名前
呼び名やアドレス帳登録名
間柄
住所　〒
電話
メールアドレス
連絡してほしい「もしも」のとき　□入院　□危篤　□通夜・葬儀　□知らせない　□その他（　）
備考

ふりがな
名前
呼び名やアドレス帳登録名
間柄
住所　〒
電話
メールアドレス
連絡してほしい「もしも」のとき　□入院　□危篤　□通夜・葬儀　□知らせない　□その他（　）
備考

ふりがな
名前
呼び名やアドレス帳登録名
間柄
住所　〒
電話
メールアドレス
連絡してほしい「もしも」のとき　□入院　□危篤　□通夜・葬儀　□知らせない　□その他（　）
備考

その他の連絡先一覧

記入日　　　　年　　月　　日

名称	関係
電話	メールアドレス
住所　〒	備考

名称	関係
電話	メールアドレス
住所　〒	備考

名称	関係
電話	メールアドレス
住所　〒	備考

名称	関係
電話	メールアドレス
住所　〒	備考

名称	関係
電話	メールアドレス
住所　〒	備考

記入日　　　年　　月　　日

POINT

* もしものときに役立つように、**その他の主な連絡先**も記入しておきましょう。
* たとえば参加しているサークルや習い事の教室、同窓会などの連絡先を記入すると便利です。
* 万が一、データを消失してしまったときも役立ちます。

名称	関係
電話	メールアドレス
住所　〒	備考

名称	関係
電話	メールアドレス
住所　〒	備考

名称	関係
電話	メールアドレス
住所　〒	備考

名称	関係
電話	メールアドレス
住所　〒	備考

名称	関係
電話	メールアドレス
住所　〒	備考

余命告知と延命治療について

記入日　　　年　　月　　日

POINT
* 病気になったときの**余命告知**や**延命治療**について考えてみましょう。
* 意識がなくなった状態でも、**本人の意思**がわかると家族の選択の助けになります。
* **「理由」**をきちんと書いておくと、あなたの意をくみやすく、判断する家族の負担が軽くなります。

余命告知について

□ 告知をしてほしい
□ 告知はしないでほしい　　　□ 家族にまかせる
□ その他（例：余命半年以内であれば告知してほしい）

その理由は

延命治療について

□ 回復の見込みがなくてもできる限りの措置をしてほしい
□ 回復の見込みがなければ延命の措置はしなくてよい
□ 苦痛を和らげる措置だけはしてほしい　　□ 家族にまかせる
□ 尊厳死を希望し「宣言書」を作成している
「宣言書」は　□自分で作成　□日本尊厳死協会に入会　□公正証書で作成

保管場所

その理由は

自ら判断できなくなったとき

自分にかわって意見を尊重してもらいたい人の名前

	名前	間柄	連絡先
第一希望			
第二希望			

その理由は

Q
延命治療とは?

A　一般的に、病気や事故により回復が見込めない状態になった場合の延命（生命の維持）を目的とした治療（措置）を延命治療と呼びます。延命治療には**人工呼吸**や、鼻から管を通して流動食を入れる**経鼻栄養**、胃に穴をあけ管を取り付けて流動食を入れる**胃ろう**、静脈から栄養剤を点滴する**中心静脈栄養**、心臓マッサージや電気ショックによる**心肺蘇生措置**などがあります。いったん措置を行うと、家族が希望しても中止することは困難です。

Q
尊厳死とは?

A　回復が見込めない状態になったときに**延命治療（いたずらに死期を延ばすための措置）を行わず、人間としての尊厳を保ちながら死を迎える**ことを「尊厳死」と呼んでいます。詳しくは下記の日本尊厳死協会ウェブサイトをごらんください。

Q
「延命治療」を望まない場合は?

A　本人が尊厳死を望んでいても家族が延命治療を望む場合もあれば、医師が尊厳死を受け入れない場合もあります。自分が意思表示できない状態になっても**延命治療を拒否するには、あらかじめ意思を文書に**しておきましょう。必要な状況になったら家族などから医師に示してもらいます。ただし、この場合も家族の同意を得て、協力してもらう必要があります。延命治療を望まない理由をしっかりと伝え、納得してもらいましょう。

Q
「尊厳死の宣言書（リビングウイル）」とは?

A　**延命治療を望まない意思を文書にしたもの**が「尊厳死の宣言書（リビングウイル）」です。「宣言書」には「無意味な延命措置の拒否、苦痛緩和のための処置の実施、回復不可能な持続的植物状態での生命維持装置の拒否、要望に沿った行為の責任は本人にあること」などを記します。宣言書は「日本尊厳死協会」に入会し協会発行の「リビングウイル」に署名する方法、公証役場で公正証書として作成する方法、自分自身で作成する方法があります。詳しくは下記の日本公証人連合会ウェブサイトをごらんください。

詳しくは

*（公財）日本尊厳死協会　電話 03-3818-6563　https://songenshi-kyokai.or.jp

*日本公証人連合会　電話 03-3502-8050　https://www.koshonin.gr.jp

臓器提供と献体について

記入日　　　年　　　月　　　日

POINT

* 死後、**臓器提供や献体を希望する場合**は、生前の準備が必要です。
* 確実に実行してもらうためには、**家族の同意**を得ておく必要があります。

臓器提供について

☐ 希望しない

☐ 希望する（心停止後・脳死後）

その理由は

臓器提供の意思表示は？

☐ 臓器提供意思表示カードに記入　保管場所

☐ 健康保険証（マイナンバーカード）、運転免許証に記入　保管場所

☐ インターネットにより意思登録済み　ID

☐ アイバンクに登録　登録先　　　　連絡先

献体について

☐ 希望しない

☐ 希望する　登録先　　　　連絡先

その理由は

MEMO

Q
「臓器提供」とは?

A 病気で苦しむ人のために、**死後、臓器を摘出して提供する**のが臓器提供です。臓器提供には「心臓が停止した死後」と「脳死後」（心臓は動いているが脳死と診断された場合）の二つの選択肢があります。本人の意思が不明であっても家族の承諾があれば臓器提供はできますが、本人の意思がはっきりしていなければ家族はなかなか決断できないものです。臓器提供の意思がある場合は、十分に家族と話し合いをしておきましょう。

Q
「献体」とは?

A 献体は、自分の遺体を医学・歯学の大学における**解剖学の教育・研究に役立たせる**ために、無条件・無報酬で提供することをいいます。

Q
「臓器提供」「献体」をするとお葬式はできない？

A 臓器摘出には数時間かかりますが、摘出後はきれいに縫合されて戻ってくるので、普通にお葬式ができます。献体は、死後48時間以内の提供が目安なので、それ以内であればお葬式は可能です。献体の場合は、実習後、遺体が火葬されて戻ってくるまでに１～３年かかります。

Q
臓器提供するには?

A 臓器提供の意思があるならはっきりさせておきましょう。**健康保険証（マイナンバーカード）や運転免許証、臓器提供意思表示カードに記入する**ほか、公益社団法人日本臓器移植ネットワークのウェブサイトから意思登録ができます。厳しい条件はありますが、親族に優先的に提供できる場合もあります。臓器提供のおおよその年齢の目安は、心臓50歳以下、肺・腎臓70歳以下が望ましいとされます。角膜提供を希望する場合は、全国のアイバンクに登録する方法があります。アイバンクの登録に年齢制限はありませんが、条件があります。いずれも詳しくは下記ウェブサイトをごらんください。

Q
献体するには?

A 献体を希望する場合は、**献体登録の必要があります**。登録先は居住地の献体篤志家団体か医科大学（大学医学部）、歯科大学（大学歯学部）です。登録するには所定の申込用紙を登録先に請求し、必要事項を記入し押印したうえで返送します。書類には家族の同意の押印も必要です。献体登録をしても**家族が一人でも反対すれば献体はできない**ので、登録の際には家族全員（配偶者、親、子、兄弟姉妹など２親等以内）の同意を得ることが重要です。

詳しくは

* （公財）日本篤志献体協会　電話 03-3345-8498　https://www.kentai.or.jp
* （公社）日本臓器移植ネットワーク　電話 03-5446-8800　https://www.jotnw.or.jp
* （公財）日本アイバンク協会　電話 03-3293-6616　https://j-eyebank.or.jp

介護が必要になったら

記入日　　　年　　　月　　　日

POINT

* 身体的な状況や**認知症などで介護が必要になった場合、どうしたいのか、どうしてほしいのか**を記しておきましょう。
* 介護の中心的役割を**お願いしたい人**（キーパーソン／右ページ参照）には、その旨を伝えておきます。

身体的な理由で介護が必要になったら

介護してほしい場所と人は？

☐ 在宅医療や介護サービスを利用し、最期まで自宅で

☐ 在宅医療や介護サービスを利用して自宅で過ごし、最期は病院で

☐ 施設で過ごしたい　**希望する施設名**　　　☐ 家族にまかせる

☐ 家族と相談しながら決めたい　　　☐ その他　**希望すること**

理由は

認知症で介護が必要になったら

介護してほしい場所と人は？

☐ 在宅医療や介護サービスを利用し、最期まで自宅で

☐ 在宅医療や介護サービスを利用して自宅で過ごし、最期は病院で

☐ 施設で過ごしたい　**希望する施設名**　　　☐ 家族にまかせる

☐ 家族と相談しながら決めたい　　　☐ その他　**希望すること**

理由は

介護のキーパーソンになってほしい人

名前	続柄	連絡先

お願いしたい理由は

Q
介護サービスを受けるには？

A　介護が必要と思える状況になったら、まずは**市区町村役所の介護保険担当窓口**に行き、本人か家族が「要介護・要支援認定の申請」をします。**居住地の地域包括支援センターや民生委員、指定の居宅介護支援事業者**なども申請の代行をしてくれます。認定は市区町村の職員が本人や家族と面接し、心身の状況を調査後、主治医（かかりつけ医）が意見書を作成し、介護認定審査会で介護度を判定されます。**要支援は２段階、要介護は５段階**あります。要介護と認定されると介護保険の介護サービスが受けられます。要支援は介護予防サービスが受けられます。

Q
介護のキーパーソンとは？

A　介護が始まると、さまざまな選択、決断が必要になります。介護を担う人が複数いる場合は、それぞれの考えの違いからトラブルが起きることも。キーパーソンは**家族の意見をとりまとめて、介護や治療の方針を決める中心**となる人のこと。希望があれば左記で指定しましょう。

Q
介護サービスの受け方は?

A　要介護と認定されたら、**居宅介護支援事業者を選定し、契約**します。**ケアマネジャー**と相談して**ケアプラン**（介護計画）を作成し、ケアプランに基づき、サービス事業者と契約します。介護サービスには自宅でケアを受け、デイサービスセンターに通うなどの「在宅サービス」、特別養護老人ホームなどに入居して介護を受ける「施設サービス」などがあります。

Q
「地域包括支援センター」って何？

A　地域の高齢者や家族を、介護・福祉・健康・医療の面などから総合的に支えるために、介護保険法に沿って作られた組織で、高齢者のさまざまな問題を相談できます。

地域包括支援センターには社会福祉士、保健師、主任ケアマネジャーが配置され、要介護認定の申請手続き、要支援と認定された人や要支援の恐れのある人を対象に、**介護予防ケアプランの作成や介護予防サービスのマネジメントなどを行います。**居住地によって担当のセンターが決まっているので、利用を希望する場合は確認を。

詳しくは

* 厚生労働省「介護事業所・生活関連情報検索」
https://www.kaigokensaku.mhlw.go.jp

* WAM NET（ワムネット）　https://www.wam.go.jp

介護が必要になったら

記入日　　　年　　　月　　　日

POINT

* 介護の費用についても記入しましょう。自分が希望する介護のために、**費用がどのくらいかかるのか**を考えるきっかけになるでしょう。

* 介護が必要になったときの**財産管理**について記しておくことも大事です。

介護の費用について

☐ 民間の介護保険に加入している　**保険会社名**　　　　**連絡先**

☐ 介護用の貯蓄を用意している　**金融機関名**

口座　　　　**金額**

☐ 特に用意していない　☐その他

財産の管理について

自分で管理できなくなったら

☐ 配偶者にまかせる　☐ 子どもにまかせる　**名前**

☐ その他（親族、弁護士など）　**名前**

☐ 任意後見人（右ページ参照）を依頼済み

依頼した人　**名前**　　　　**連絡先**

契約の内容

証書の保管場所

MEMO

（現在、受けている介護サービスがあれば、記入しておきましょう。）

Q
自分でお金の管理ができなくなったら？

A　認知症などで判断能力が不十分になった場合に利用できる事業に**「日常生活自立支援事業」**があります。預金の払い戻しや解約、預け入れの手続きなど、日常的な金銭管理を依頼することができますが、本人がこの契約内容について判断できる能力がある、と認められる必要があります。利用の相談は、市区町村の社会福祉協議会（社協）で受け付けています。

Q
後見人とは?

A　**認知症などで判断能力が衰えた場合に、財産の管理や病院や介護サービスの契約などを代行してくれる人**が必要になります。この代行してくれる人が後見人（成年後見人）です。法律で決められた「成年後見制度」には、法定後見制度と任意後見制度があります。**法定後見制度**は、すでに判断能力がない人に関する後見制度で、家族などの申し立てにより家庭裁判所が選任します。**任意後見制度**は、判断能力があるうちに本人があらかじめ信頼できる人を任意後見人として選任し、公正証書で契約をする制度です。

Q
任意後見制度を利用するには?

A　任意後見人になってもらう人に依頼し、報酬や契約内容を詳しく決めて、**公証役場で公正証書を作成**します。認知症などで判断能力が低下した場合、配偶者や４親等内の親族、任意後見受任者（任意後見人を引き受けた人）が家庭裁判所に任意後見監督人（任意後見人の仕事内容を監督する人）の選任を申し立てます。家庭裁判所が任意後見監督人を選任すると契約がスタートします。

Q
任意後見人はだれに頼む?

A　**信頼できる人（成人）であれば、だれにでも依頼**できます。家族や親族、友人、弁護士、司法書士、介護福祉士などのほか、社会福祉協議会などの法人に依頼することもできます。最近は任意後見人の不祥事なども報じられているので、吟味することが大事です。

詳しくは

＊日本公証人連合会　電話 03-3502-8050　https://www.koshonin.gr.jp

＊（公社）成年後見センター　リーガルサポート　電話 03-3359-0541（本部）
https://www.legal-support.or.jp

葬儀についての希望

記入日　　　年　　　月　　　日

POINT

* どのような葬儀にしてほしいか具体的に考えましょう。
* 家族にまかせたい場合も意思が明確であれば、家族は助かります。

葬儀の形式について

□ 一般的な形式で　□ 家族葬で　□ 直葬で　□ 家族葬のあと、友人を招いたお別れ会を

□ 家族にまかせる　□ その他

その理由は…

宗教について

□ 仏教　宗派　菩提寺　連絡先

□ キリスト教　教会　連絡先

□ 神道　神社　連絡先

□ その他の宗教　□ 無宗教葬でよい　□ 家族にまかせる

葬儀社について

□ 生前予約している　業者名　連絡先

□ 冠婚葬祭互助会に加入している　業者名　連絡先

□ 依頼したい業者がある　業者名　連絡先

□ 家族にまかせる

喪主・世話役について

喪主は　　　にお願いする　連絡先

世話役は　　　にお願いする　連絡先

費用について

考えている金額　　　　　　　　　　　　円〜　　　　　　　　　　　　円

☐ 用意している　**預貯金・保険・その他**　　　　☐ 特に用意していない

Q 家族葬とは？

A **家族や故人とごく親しい人のみで見送る小規模の葬儀**をさすことが多いのですが、形態はさまざま。家族のみでの数人の葬儀から親戚や親しい人には知らせて数十人で行う葬儀もあります。小規模でも僧侶を招き読経、焼香を行う儀式を取り入れる家族葬もあれば、宗教的な儀式は行わず、家族だけで通夜を過ごし、お別れをする家族葬もあります。家族葬のあと、後日、友人・知人を招待して「お別れの会」を行うこともあります。

Q 直葬とは？

A 葬儀、告別式のような儀式は行わず、亡くなった日は火葬場や遺体安置施設に遺体を預け（法律上、死後24時間たたないと火葬できない）、翌日、**火葬場の炉の前で故人とのお別れをするのが直葬**です。僧侶を依頼し、安置所で納棺する際や火葬場で炉に入れる前に読経してもらう場合もあります。10万円程度と費用は抑えられます。ただ、葬儀には残された人が死を受け入れるための儀式という意味をもつことや、故人の友人・知人がお別れをする大切な機会であることは心にとめておきましょう。

Q 葬儀にはいくらくらいかかる？

A 親戚、友人・知人など広く知らせて、斎場などで通夜、葬儀・告別式を行う従来型の葬儀では、葬儀一式、飲食代、宗教者（仏教の場合は寺、僧侶）への支払いで**200万円程度**かかるといわれています。家族葬の費用は祭壇や会場、演出、僧侶を依頼するかなどにより違ってきます。**直葬は**棺や保管料、移送料、火葬料などで**20万〜30万円程度**です。葬儀で香典を受け取る場合は、葬儀料金の一部をまかなうことができますが、香典を受け取らない場合は、全額が家族の負担になります。

Q 生前に葬儀のプランを立てるには？

A 事前に葬儀の形式や内容（規模、形式、祭壇の形、演出など）、費用などを相談し、決めておくことができる生前予約（生前契約）を扱っている葬儀社があります。口頭で家族に希望を伝えておいても、何も準備をしていなければ実現が難しい場合もあるので、希望どおりに葬儀を行ってもらうには生前予約が有効です。葬儀社主催の「葬儀セミナー」「終活セミナー」なども参考になります。

葬儀についての希望

記入日　　　年　　　月　　　日

戒名について

□ 費用はかかっても、よい戒名をつけてほしい　□ 高額の戒名は不要。普通の戒名でよい

□ 戒名はつけなくてよい　□ 家族にまかせる

□ すでにある　戒名

授戒した寺など・連絡先

□ その他

葬儀の祭壇

□ 一般的な白木祭壇　□ 花祭壇　希望の花

□ あまりお金をかけなくてよい　□ 家族にまかせる　□ その他

遺影について

□ 用意してある　保管場所

□ 家族にまかせる

会場の飾りつけ・音楽

□ 飾ってほしいものがある　具体的に　保管場所

□ 流してほしい音楽がある　具体的に　保管場所

納棺時の服装

□ 着せてほしい（かぶせてほしい）服がある

具体的に　保管場所

□ 家族にまかせる

記入日　　　年　　　月　　　日

香典・供花・供物について

□ 香典・供花・供物、すべて受け取る　□ 香典は受け取る　□ 香典は受け取らない

□ すべて辞退する　□ 家族にまかせる

□ 受け取って寄付する　**寄付先**

□ その他

会葬礼状について

□ 葬儀社が用意したものを使う

□ 自分で書いたものを使ってほしい　**保管場所**

香典返しについて

□ 四十九日に行う　**返礼品の希望**

□ 葬儀当日に行う　□ 挨拶状だけ送る　□ 家族にまかせる

MEMO

死亡通知について

□ 年賀欠礼はがきでよい

□ 葬儀後（葬儀をしない場合は死後）、　　　　　○○を目安に送ってほしい

□ 死亡通知の文章を用意している　**保管場所**

MEMO

埋葬などについての希望

記入日　　年　　月　　日

POINT

＊お墓がある場合は継いでもらう人（承継者）を考えておきましょう。

＊お墓がない場合は新たに建てるのか、どのような形の墓にしたいのか、費用はどうするか、なども考えておく必要があります。

埋葬の希望

☐ 先祖代々の墓、または生前に用意した墓に埋葬してほしい

墓地名　　所在地

契約者名　　管理会社　　連絡先

お墓は　　（続柄　　）に承継してほしい

☐ 新たに購入してほしい（一般的な墓地・永代供養墓・納骨堂・樹木葬墓地など）

希望する墓地名　　所在地

費用は

☐ 預貯金を使ってほしい　予算は　　円

☐ 生命保険をあててほしい　保険会社　　連絡先

☐ 特に準備していない

☐ 散骨してほしい　希望する場所

☐ 家族にまかせる

☐ その他　具体的に

仏壇について

☐ 代々の仏壇を守ってほしい　☐ 新たに購入してほしい

☐ 必要ない　☐ 家族にまかせる

Q
永代供養墓とは？

A 一般的なお墓（墓地）には承継者が必要ですが、永代供養墓は承継者を必要としません。承継者にかわり、**寺院や霊園の管理者が供養・管理するシステム**です。また､生前に契約できるのも特徴です。管理の期間は納骨後20年や三十三回忌までなど、墓地によって異なります。永代供養墓の形態もさまざまで、単独のお墓、納骨堂、最初から共同墓にほかの人の遺骨と一緒にする形、樹木葬などがあります。永代供養墓の費用は10万～100万円ほどと幅があります。

Q
樹木葬とは？

A 樹木葬とは、霊園として許可された里山や墓地に遺骨を埋め、**墓石（墓碑）のかわりに木を植える形のお墓**です。一人の遺骨に対して1本の樹木を植える形、1本のシンボルツリーのまわりに複数の人の遺骨を埋める形などがあります。承継者を必要としない永代供養墓が多いのですが、最近は家族で入れる樹木葬墓地もあります。墓石代がかからないので費用が抑えられます。

Q
散骨するには？

A 「**粉骨**」、すなわち遺骨を細かく砕き遺灰にして海や山、空などにまくのが散骨です。法的には「葬送のため節度を持って行えば遺骨遺棄罪にはあたらない（違法ではない）」という解釈がとられています。散骨を扱っている**専門の業者を利用する**方法があります。散骨を希望する場合は、費用の確認を。粉骨に数万円、海洋散骨、山林散骨、空中散骨のいずれも数万～数十万円必要です。また、すべてをまくのか､一部は散骨して残りは墓に納めるのか、残りは自宅におくのかなども決めておきましょう。

Q
新たにお墓を建てる場合の費用は？

A お墓を建てる費用には主に①**墓地使用料**（墓地を利用する権利を得るための費用・永代使用料ともいう）、②**墓石建立費**（墓石費用のほか、加工、彫刻、外柵、工事費用など）、③**年間管理料**（墓地を維持、管理するための費用。契約後、毎年払う）があります。墓地使用料は立地や広さなどにより異なりますが、一般的には60万～80万円、墓石の費用は石の種類や量、加工方法などにもよりますが、100万～300万円が目安です。

なお、墓地の購入は所有権を得るのではなく、墓地としての使用権を得ることであり、承継者がいなくなれば墓地を返却しなければなりません。

遺産相続について

記入日　　年　　月　　日

POINT

* だれが相続人となるか、また、法定相続の場合、**財産を相続する割合は決められています。**
* 相続人や法定相続について確認し、どのような相続をしたいのか考えます。相続関係が複雑な場合は弁護士や税理士など専門家に相談しましょう。
* 遺産相続では**法定相続よりも遺言による相続が優先**されます。必要に応じて遺言を作りましょう。

相続人は

配偶者（　　　　）

第1順位の相続人：子（　　　　）（　　　　）（　　　　）

第2順位の相続人：親（　　　　）（　　　　）

第3順位の相続人：兄弟姉妹（　　　　）（　　　　）（　　　　）

Q そもそも相続とは？

A 人が亡くなると、その人（被相続人）が所有していた財産や財産上の権利のいっさいを、その人と一定の身分関係にある人（相続人）が引き継ぐのが相続です。相続人は預貯金や不動産などの**財産だけでなく、借金や未払いの税金などのマイナスの財産も引き継ぐ**ことになります。相続は人が亡くなると同時に開始されます。

Q だれが相続人になる？

A 相続人（法定相続人）は法律で決められています。法定相続人には「**配偶者相続人**」と「**血族相続人**」があり、配偶者相続人は常に相続人になりますが、血族相続人には順位があります。第1順位の人がいれば第2、第3順位の人は相続人になれません。第1順位の人がいない場合に第2順位の人が、第1、第2順位の人がいない場合に第3順位の人が相続人になる仕組みです。

相続人の範囲と順序

配偶者相続人

夫、妻。法律上の婚姻関係にある人。常に相続人になれる。

第1順位
（直系卑属）

子。非嫡出子、養子、胎児、子が亡くなっている場合の代襲相続人の孫、ひ孫なども含まれる。

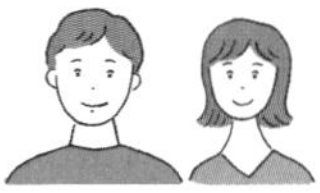

第2順位
（直系尊属）

被相続人の父母。被相続人に子がいない場合に相続人になる。父母が亡くなっていれば祖父母。

第3順位

兄弟姉妹。被相続人に直系卑属も直系尊属もいない場合に相続人になる。兄弟姉妹が亡くなっていれば、その子(おい、めい)。

Q 法定相続とは？

A 各相続人が取得できる財産の割合（相続分）は法律で決められています。遺産の相続分は、**遺言があれば遺言に従いますが、遺言がない場合は相続人の話し合い（分割協議）**によって相続分を決めます。その場合の目安になるのが法律で決められた相続分です。話し合いがつかない場合は法定相続に従います。

Q 法定相続人以外に財産を譲るには？

A 事実婚など法律上の婚姻関係のない妻や夫、子どもの配偶者などに、財産を相続させることはできません。事実婚の相手や世話になった息子の嫁や友人、知人などに財産を譲りたいとき、相続権のない孫や兄弟姉妹に譲りたいときは、**法的に有効な遺言書を作成**しておけば、譲ることができます。

Q 法定相続の割合は？

A 法律で決められた相続分は、だれが相続人であるかによって異なります。相続人が配偶者一人だけのときは配偶者がすべてを相続します。配偶者と血族相続人がいる場合は、血族相続人の順位と人数によって比率が変わります。

相続分の例
夫と子2人の場合

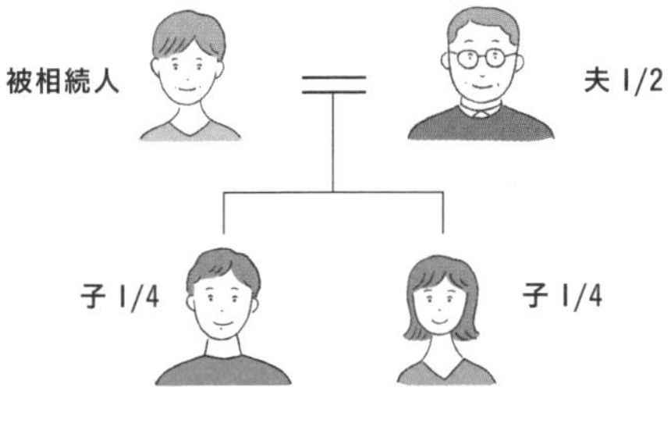

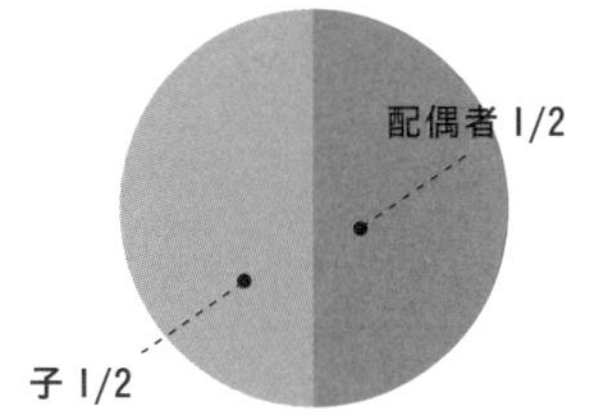

配偶者と子

配偶者と子（直系卑属）がいる場合は、それぞれが1/2を相続する。子が複数の場合は1/2を頭数で等分する。子が亡くなっていて、その子（孫）がいる場合は孫が受け継ぐ（代襲相続という）。

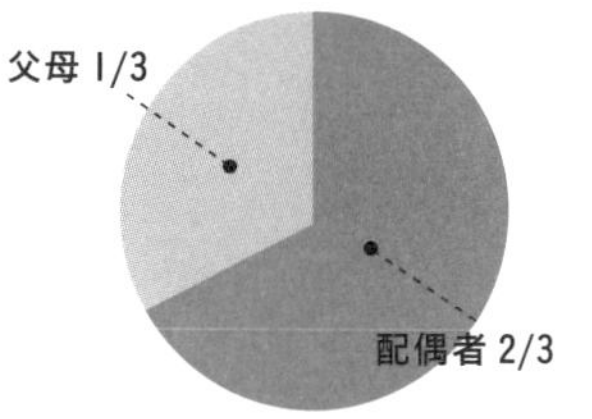

配偶者と父母

被相続人に子や孫（直系卑属）がいない場合は故人の父母（父母がいなければ祖父母）と遺産を分割する。配偶者が2/3、父母が1/3を受け継ぐ。配偶者がいなければ父母が全遺産を相続する。

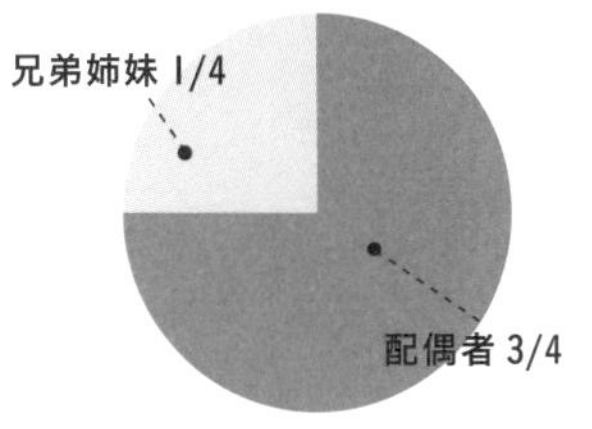

配偶者と兄弟姉妹

被相続人に子や孫（直系卑属）、父母や祖父母（直系尊属）がいない場合は、故人の兄弟姉妹と遺産を分割する。配偶者が3/4、兄弟姉妹が1/4。配偶者がいなければ兄弟姉妹が全遺産を相続する。

遺言書について

記入日　年　月　日

POINT

* 最近は遺産の多寡にかかわらず、遺産相続に関するトラブルが増えています。
* トラブルを防ぐために**遺言書を作成することは、家族への思いやり**でもあります。
* トラブルが予想される場合は**公正証書遺言を作成**しておくと安心です。
* 自筆証書遺言は法務局で遺言書を預かる「自筆証書遺言書保管制度」を利用できます。

遺言書

□ 作成している　□ 作成していない

種類

作成日

保管場所

遺言執行者（65ページ参照）　連絡先

その他

MEMO

Q
法的に有効な遺言の種類とは？

A **遺言は必ず文書に**しなければなりません。録画や録音などは認められていません。文書の仕方には法律で決められた方式があり、それに従って作成しないと無効になってしまいます。遺言の方式にはいくつかの種類がありますが、一般には自筆証書遺言か公正証書遺言で作成されることがほとんどです。

Q
遺言には何を書いてもよい？

A 遺言には何を書いてもかまいませんが、法律上、効力のある遺言事項は限られています。大きく分けて、**身分**に関すること、**財産の処分**に関すること、**相続**に関することの３つです。身分に関しては、婚外子の認知や未成年者の後見人の指定、後見監督人の指定など。財産の処分に関しては、遺贈（遺言により財産を譲る）や寄付、信託など。相続に関しては、相続分や遺産分割の方法の指定や委託、遺言執行者の指定、祭祀承継の指定などがあります。法的な効力はなくても、遺言を書くにあたっての心境や相続についての考え方、「家族みんなで仲良く暮らしてほしい」といった家族への思いなどを記しておくことは、相続トラブルを防ぐためにも意味があります。

Q
自筆証書遺言とは？

A 遺言（66・67ページ参照）は、全文を自筆で書きますが**財産目録については自筆でなくパソコン作成等でも**かまいません。自筆証書遺言は書式、内容について法律で定められた一定の条件を満たしていないと無効になります。遺言者の死後、遺言を発見した人や保管していた人は家庭裁判所に提出し、検認の手続きを受ける必要があります。封印されている場合は、裁判所で相続人などの立ち会いのもとでないと開封できません。ただし「自筆証書遺言書保管制度」により法務局（遺言書保管所）で保管されている場合は、検認は不要です。作成したことを家族に知らせておきましょう。

Q
公正証書遺言とは？

A **公証役場で証人２人以上の立ち合いのもとに、遺言者が遺言事項を口述し、公証人が筆記して作成する遺言**です。法的に正しい遺言が作成できます。原本は公証役場に保管され、原本の写しである正本、謄本は遺言者に渡されます。死後に家庭裁判所での検認は必要ないので、遺族がすぐに開封することができます。作成には費用（法律で決められている手数料）がかかり、財産の額によって費用は変わります。作成したことは、必ず家族に知らせておきましょう。

相続にかかる税金について知っておきたいこと

相続税について

記入日　　　年　　　月　　　日

あなた（被相続人）の遺産を相続した人（相続人）には「相続税」という税金がかかる場合があります。どんなときに相続税がかかるのか、基本の知識を得ておきましょう。

POINT

* 3000万円＋1人600万円以下なら納税不要

相続税は、遺産を相続した人が必ず納めるものと思っていませんか？
相続税には「**基礎控除**」があり、相続財産の課税価格が**基礎控除額以下の場合には申告・納税の必要はありません**。詳しい金額と計算方法は下記に説明します。

* 1億6000万円以下なら配偶者は無税

配偶者には相続税の「**税額軽減措置**」があり、取得財産の**課税価格が1億6000万円以下、あるいは法定相続分以下なら無税になります**。
ただし注意すべき点は「**相続の対象**となる財産」と「**相続税の課税対象**となる財産」が異なること。相続税がかかるか、相続税対策が必要か、まずは財産をリストアップして検討を。心配な場合は税理士など専門家に相談しましょう。

Q
無税になるかならないか。
相続税の「基礎控除」とは？

A　基礎控除額は「3000万円＋法定相続人1人につき600万円」です。法定相続人が３人いたら「3000万円＋600万円×３」で基礎控除額は4800万円。相続財産の課税価格がこの金額以下であれば、納税・申告の必要はありません。

ただし、基礎控除額を計算するときの法定相続人の数は、相続放棄をした人がいても、**相続放棄する前の人数で計算**します。法定相続人に養子がいる場合は、実子がいたら養子は１人、実子がいなければ養子は２人までの人数です。

あなたの相続の基礎控除額を計算してみましょう

3000万円＋600万円×相続人［　］人＝
［　　　　　　］万円
↑この金額以下なら無税！

Q
年間110万円以内なら
贈与は非課税！
「暦年課税の基礎控除」とは？

A　暦年とは、1月1日から12月31日のこと。その1年間に受けた贈与の合計額に応じて贈与税を払うのが「暦年課税」、通常の贈与の税制度です。暦年贈与には贈与を受けた**一人につき年間110万円の基礎控除**があります。つまり1年に110万円以下であれば贈与税はかかりません。

相続財産に加えられる「生前贈与」とは？

生きている間に財産を相手に渡すことを「生前贈与」といいます。生前贈与にかかる贈与税（財産をもらった人にかかる税金）については「暦年課税」と「相続時精算課税」の制度があります。「暦年課税」を使った相続人への贈与では、これまで、贈与した人が亡くなった日（相続開始）より前、３年以内に贈与された財産があれば、それを相続財産に加算して相続財産の課税価格を計算する決まりでした。これが令和５年の税制改正により、加算される期間が７年以内と延長されました。あなたが子に生前贈与を行っていた場合、亡くなる前７年間に贈与した分は相続財産とみなされて加算され、相続税の課税対象となるのです。

ただし「相続開始前３年以内の贈与により取得した財産」以外の財産については、その合計額から100万円が控除されます。

Q
どんな財産に課税される？
「相続財産の課税価格」とは？

A　あなたが亡くなったら課税対象になるのはどんな財産でしょう？　各項目については下の表にまとめましたが、**「相続や遺贈によって取得した財産」（A）**、**「みなし相続財産」（B）**、**「相続時精算課税適用の財産」（C）**の価額の合計から、**非課税の財産（D）**や**債務（E）**、**葬式費用（F）**の額を差し引き、**「生前贈与財産」（G）**を加算した額です。

課税価格とは

A：相続や遺贈によって取得した財産

土地、田畑、山林、建物、業務用財産、有価証券、預貯金、家財、美術品、骨董品、ゴルフ会員権、自動車など。未収給与、未収賞与、未収退職金（いずれも死亡時に確定しているもの）

＋

B：みなし相続財産

生命保険金、死亡退職金、年金、年金保険契約に関する権利など

＋

C：相続時精算課税適用の財産

相続時精算課税制度を選択して贈与された財産

－

D: 非課税の財産

生命保険金（500万円×法定相続人の数の額まで）、退職金（500万円×法定相続人の数の額まで）、墓地、墓碑、特定の公益法人への寄付など

－

E: 債務

借金、未払いの税金、死亡日までの所得税（純確定申告による）など

－

F：葬式費用

葬儀社、寺などへの支払い、通夜の費用など

＋

G 生前贈与財産

相続開始前7年以内に被相続人から暦年課税による贈与により贈与された財産。詳しくは左記コラムを参照

＝課税価格

Q
贈与の「相続時精算課税」制度とは？

A　「相続時精算課税」は60歳以上の父母または祖父母などが、18歳以上の子または孫に財産を生前贈与した場合に、**贈与された人が選択、利用できる贈与税の制度**です。

この制度では、2500万円が特別控除額（非課税額）となり、2500万円までは贈与税がかかりません。2500万円を超える分には**20％の税率**で税金がかかります。

贈与した人が亡くなったら、贈与された人（相続人）は、この制度の対象となる贈与財産を相続財産に加えて相続税を計算します。令和5年の税制改正で、令和6年1月1日以降にこの制度を利用して取得した財産については、**年間110万円の基礎控除**が適用されるようになりました。ただし、**税務署への申告が必要**です。

Q
夫（妻）からの相続は大幅軽減や無税に。
配偶者の税額軽減とは？

A　配偶者、すなわち夫から妻へ、妻から夫への相続では、相続税が大幅に軽減されたり無税になったりします。**無税となるのは、取得財産の課税価格が1億6000万円以下の場合**、または取得財産の課税価格が、法定相続分（57ページ参照）以下の場合です。

相続で得た財産が1億6000万円以上あり、かつ法定相続分を超えたとしても、課税対象は、本来の相続税から法定相続分を引いた額です。ただし、配偶者の税額軽減を受けるには、**税務署への申告が必要**です。

財産の相続について知っておきたいこと

相続財産について

記入日　　　年　　　月　　　日

相続を考えたときや、意思を遺言書としてのこしたいとき、まずは自分の財産を明確にすることから始めましょう。ここでは財産の内訳や財産のリストアップの方法を説明します。

Q 現金や不動産だけじゃない？ そもそも「財産」って何が対象？

A 財産といえば、**現金、預貯金、土地、家屋**が思い浮かびます。それ以外にも相続の対象となる財産には、**借地権、借家権、有価証券、債券、金銭債権、ゴルフ会員権（一部例外あり）、家財、自動車、美術品、骨董品、宝石、貴金属類、特許権、著作権**などがあります。

また財産には、マイナスのものも含まれます。それは、**借金、買掛金、借入金、住宅ローン、未払いの月賦、未払いの税金、未払いの地代、未払いの医療費、連帯保証人としての債務、損害賠償の債務**などです。一方、相続の対象とならない財産もあり、それは葬儀の際の香典、生命保険金、死亡退職金、遺族年金、墓や仏壇などの祭祀《さいし》財産などです。

Q 生命保険金は相続財産ではないの？

A 生命保険金は指定された受取人が全額受け取り、その人の財産になるので、「相続」の対象にはなりません。ただし税法上は「みなし相続財産」として相続税の対象になります。

Q お墓や仏壇も財産？ だれが引き継ぐ？

A 墓地や墓石、仏壇や位牌などは祭祀財産といいますが、「相続」の対象となる財産ではありません。**「祭祀承継者」にあたる人が一人で引き継ぎます。**継いでもらいたい人がいたら、生前に指定しておくと安心。遺言で指定することもできます。指定がなければ慣習に従って決められます。決まらない場合は、家庭裁判所に申し立てて決めることに。**承継者がいない場合は、墓じまいなどを検討しましょう。**

Q 多額の借金が！ マイナスの財産のほうが多い場合は？

A 借金やローンなど、**マイナスの財産がプラスの財産より多い場合は、生前に相続人に伝えておきましょう。**相続人が借金を相続したくない場合は「相続放棄」もできますが、相続開始から３カ月以内に家庭裁判所に申し立てをしなければなりません。家族が困らないように早めに伝えて。

POINT

* **財産にはプラスとマイナスの両方が含まれる。** 相続財産には預貯金や不動産などのプラスの財産のほか、借金やローンなどのマイナスの財産なども含まれます。
* **まずはリストアップを。**「預貯金一覧」(12 ページ)、「有価証券・その他の金融資産」(18 ページ)、「不動産」(19 ページ)、「借入金」(22 ページ) などを参考に、現時点での財産をリストアップしてみましょう。リストは定期的に作り直すのがおすすめ。
* **「財産目録」はパソコンやスマホで作成OK。** 遺言書に添付する「財産目録」は手書きでなくてもかまいません。
パソコン等で作成しておくと、訂正や書き直しも簡単です。

財産リストの作成例

1 不動産（土地・建物・マンションなど）

種類	所在・地番	面積	評価額 〇年〇月〇日現在
土地	〇〇県〇〇市〇町〇丁目〇番〇　自宅	140㎡	20,000,000 円
建物	〇〇県〇〇市〇町〇丁目〇番〇　自宅	1 階 70 ㎡、2 階 40 ㎡	10,000,000 円

2 預貯金・現金

種類	金融機関・支店	種別	口座番号	金額	備考
預金	〇〇銀行〇〇支店	定期	123456	5,000,000 円	
現金				500,000 円	自宅金庫

3 株式・投資信託・国債など

種別	証券会社・支店	口座番号	金額	備考
国債	〇〇証券〇〇支店	345678	1,000,000 円	2030 年償還

4 権利関係（借地権・抵当権など／種別、内容、契約先、評価額など）

なし

5 その他（自動車・宝石・美術品など／種別、評価額など）

なし

1～5の合計額（財産の評価額）　36,500,000 円

6 債務（借金・各種ローンなど）

種別	支払先	残額	毎月返済額・完済予定日
なし			

債務の合計

正味財産（財産の評価額−債務の合計）　36,500,000 円

※作成日を明記し、定期的に作成し直しましょう。

遺産相続の希望

記入日　　　年　　月　　日

POINT

* だれに何を相続させたいか記入しましょう。
ただし、**このノートに記入しても法的効力はありません。**
* 法的効力を持たせるには、**このメモをもとに遺言書を作成**しましょう。
* 遺産相続について遺言を作成するときには
「遺留分」（65 ページ参照）についての配慮が必要です。

財産名　　　　　　　　　　相続させたい相手

その理由は

財産名　　　　　　　　　　相続させたい相手

その理由は

財産名　　　　　　　　　　相続させたい相手

その理由は

財産名　　　　　　　　　　相続させたい相手

その理由は

財産名　　　　　　　　　　相続させたい相手

その理由は

財産名　　　　　　　　　　相続させたい相手

その理由は

財産名　　　　　　　　　　相続させたい相手

その理由は

財産名　　　　　　　　　　相続させたい相手

その理由は

Q 遺留分とは？

A 法律では遺族の法定相続人としての権利や利益を守るために、**相続できる最低限度の相続分を規定**しています。それが遺留分です。遺産相続では遺言による相続が優先される、という大原則がありますが、たとえば、遺言に「遺産のすべてを長男に相続させる」と書いてあった場合、配偶者やほかの子どもたちなどの相続人としての権利と利益が侵されてしまいます。この場合、配偶者やほかの子どもは遺留分を長男に請求することができます。

遺留分は被相続人の配偶者、直系卑属、直系尊属のみに認められています。兄弟姉妹には認められていません。**遺留分の割合は、直系尊属のみが相続人の場合は法定相続分の1/3、その他の法定相続人の場合は法定相続分の1/2**です。

Q 遺言執行者とは？

A 遺言書に書かれた内容を実現するために必要な行為を遺言の執行といいます。遺言の執行は、相続人や遺言で「遺言執行者」に指定された人が行います。遺言により指定された遺言執行者は遺言を**執行するための遺産の管理や処分に対するいっさいの権利と義務**を持ちます。遺言執行者は相続人でもなれますが、**利害関係のない弁護士や税理士などの専門家に依頼したほうがよいでしょう**。遺言執行者は遺言でのみ指定できます。

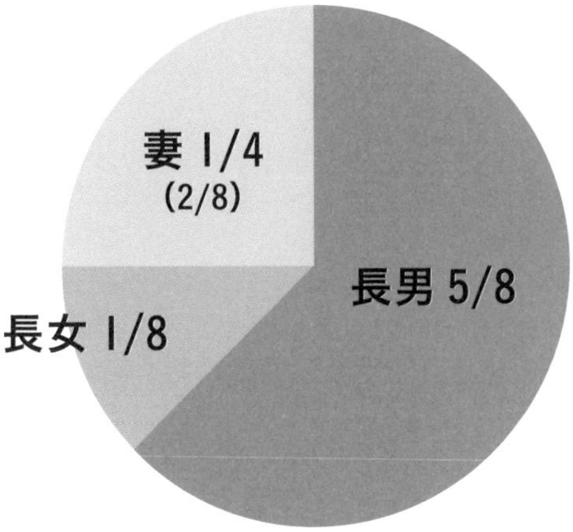

遺留分の例

相続人が妻と長男、長女で「全財産を長男に相続させる」と遺言にあった場合

妻と長女が遺留分を請求すれば長男の相続分は5/8となる。

妻	法定相続分 1/2×1/2=1/4
長女	法定相続分 1/4×1/2=1/8

自筆証書遺言の例

①

遺言書

②

遺言者中山洋子は、夫和夫が遺言者の死後、
不自由のない生活を送れるように、次のように遺言する。

1　夫中山和夫には次の財産を相続させる。

（1）土地　東京都世田谷区〇〇町〇丁目〇番〇 ③
　　宅地　〇〇〇平方メートル

（2）建物　同所同番地〇所在
　　家屋番号　同町〇番〇
　　木造瓦葺2階建 居宅
　　床面積　1階〇〇平方メートル
　　　　　　2階〇〇平方メートル

（3）前記家屋内にある什器備品その他一切の動産

（4）〇〇銀行〇〇支店の遺言者名義の
　　普通預金（口座番号〇〇〇）・
　　定期預金（口座番号〇〇〇）の全額 ④

2　長男太郎には次の財産を相続させる。

（1）〇〇証券〇〇支店（口座番号〇〇〇）の
　　遺言者名義の有価証券のすべて

3　長女良子には次の財産を相続させる。

（1）〇〇銀行〇〇支店の
　　遺言者名義の定期預金（口座番号〇〇〇）の全額

4　太郎の妻優子（〇〇〇〇年〇月〇日生まれ）には
⑤遺言者の介護に心を尽くしてくれた
感謝の気持ちをこめて次の財産を遺贈する。

（1）ゆうちょ銀行の
　　定額 ⑥
　　遺言者名義の貯金（記号〇〇〇番号〇〇〇）の全額
　　中山

⑥

この行弐字
加入
中山洋子

5 ⑦この遺言の遺言執行者には弟の田中裕一
（〇〇〇〇年〇月〇日生まれ）を指定する。

⑧〇〇〇〇年〇月〇日

東京都世田谷区〇〇町〇丁目〇番〇

⑨遺言者　中山洋子　中山

自筆証書遺言を書くとき

POINT

* 63 ページを参考に**財産リストを作り、だれにどの財産を相続させるか**考えます。
* 作成した財産リスト、64 ページのメモをもとに草稿や資料を準備し、
弁護士・司法書士など**専門家に相談しましょう。**
* 作成したことを家族や**第三者に伝えておきましょう。**

自筆証書遺言作成のポイント（66 ページの例）

①
全文、日付、氏名を自筆で書く。縦書きでも横書きでもかまわない。日付、氏名、押印の一つでも欠けると無効になる。

②
「遺言書」「遺言状」「遺言」というタイトルをつける。なくてもかまわないが、あるほうが遺言として明確になる。

③
不動産の表示は登記事項証明書の記載どおりに書く。

④
預貯金や有価証券などは銀行名、証券会社名、支店名、種類、口座番号など客観的に特定できるように書く。

⑤
相続人・受遺者は名前だけでも十分だが、同姓同名の場合や、法定相続人以外に遺贈する場合は、住所、生年月日なども併記して特定する。

⑥
加除訂正は決められた方式で行う。加除訂正した部分に押印し、余白に訂正したことを記入し署名する。印鑑は⑨で押印したものを使う。

⑦
遺言執行者の指定は遺言のみでできる。

⑧
日付（作成年月日）は和暦でも西暦でもかまわない。年月日がないと無効になる。

⑨
署名・押印は必須。押印は実印でなくてもよいとされているが、できれば実印を用いる。住所は書かなくてもかまわない。

その他のポイント

* 筆記用具に制限はないが、改ざんの恐れのある鉛筆や摩擦熱で消えるペンは避ける。
* 財産目録については自筆でなくパソコン等で作成したものなど（不動産の登記事項証明書や通帳のコピー等の資料）を添付してもよい。
* 用紙に制限はないが、保存に耐えるもので A4 や B5 サイズがよい。
「自筆証書遺言書保管制度」を利用する場合、用紙は A4 サイズ。作成に関しての決まりがあるので確認を。
* 書き上げたら封筒に入れて「遺言書在中」と上書きをし、裏に作成年月日を記入し、署名、押印する。
封印するかしないかは自由だが、しておいたほうがよい。

Q 遺言はどこに保管すればいい？

A 自筆証書遺言は自分で保管できますが、死後、発見されない恐れがあります。相続人に預けるとトラブルのもととなることが。貸金庫での保管は開封に時間がかかります。紛失や改ざん、隠ぺいなどを防ぐためには弁護士や税理士に預ける、法務局（遺言書保管所）に預けるといった方法がおすすめ。公正証書遺言を作成したことは家族などに知らせておきましょう。

Q 作成した遺言は取り消せる？

A 遺言の撤回や変更はいつでもできます。すべてを取り消したいのであれば、自筆証書遺言であれば破棄します。公正証書遺言は公証役場で破棄の手続きをするか、新たに撤回する旨の遺言書を作成します。遺言書が２通以上ある場合は、最も新しい日付の遺言書が有効とされる規定です。書き直して不要になった遺言書は混乱を防ぐためにも破棄したほうがいいでしょう。

詳しくは

* 法務省「自筆証書遺言書保管制度」　https://www.moj.go.jp/MINJI/01.html

持ち物の整理について

記入日　　年　　月　　日

POINT

* あなたにとっての愛用品や愛着のあるものも、**家族には価値がわからない場合があります。**
残された家族が困らないように、主だった持ち物の処分について考えておきましょう。
* リストアップすることで、生前に処分するかどうか気持ちの整理もできます。
* 人に譲る、寄付する、捨てるなど、自分自身の手で生前に整理しておけば、暮らしもシンプルに。
* 今すぐ処分の決意がつかないものは、「70歳までに○○に寄付する」
「75歳になったら孫の○○に譲る」などと、**目安と処分方法**を記入しておきましょう。

整理したい持ち物の例
写真やビデオ（自分や家族の）、本、洋服、着物、バッグ、服飾小物（アクセサリー、ブランドもののスカーフなど）、趣味のもの（作品、花器、茶道具、書道具、カメラなど）、CD、DVD、人形、さまざまな書類（卒業証書、表彰状、手紙類）など

持ち物の種類（品名）　　保管場所

処分方法　□ 自分で処分　捨てる、譲る、寄付する（具体的な寄付先）など（　　）

いつごろまでに（　　）

もしものときは　□捨ててかまわない　□できればだれかにもらってほしい　□家族にまかせる

その他の希望

持ち物の種類（品名）　　保管場所

処分方法　□ 自分で処分　捨てる、譲る、寄付する（具体的な寄付先）など（　　）

いつごろまでに（　　）

もしものときは　□捨ててかまわない　□できればだれかにもらってほしい　□家族にまかせる

その他の希望

持ち物の種類（品名）　　保管場所

処分方法　□ 自分で処分　捨てる、譲る、寄付する（具体的な寄付先）など（　　）

いつごろまでに（　　）

もしものときは　□捨ててかまわない　□できればだれかにもらってほしい　□家族にまかせる

その他の希望

記入日　　年　　月　　日

持ち物の種類（品名）　保管場所

処分方法 □ 自分で処分 捨てる、譲る、寄付する（具体的な寄付先）など

いつごろまでに

もしものときは □捨ててかまわない □できればだれかにもらってほしい □家族にまかせる

その他の希望

持ち物の種類（品名）　保管場所

処分方法 □ 自分で処分 捨てる、譲る、寄付する（具体的な寄付先）など

いつごろまでに

もしものときは □捨ててかまわない □できればだれかにもらってほしい □家族にまかせる

その他の希望

持ち物の種類（品名）　保管場所

処分方法 □ 自分で処分 捨てる、譲る、寄付する（具体的な寄付先）など

いつごろまでに

もしものときは □捨ててかまわない □できればだれかにもらってほしい □家族にまかせる

その他の希望

持ち物の種類（品名）　保管場所

処分方法 □ 自分で処分 捨てる、譲る、寄付する（具体的な寄付先）など

いつごろまでに

もしものときは □捨ててかまわない □できればだれかにもらってほしい □家族にまかせる

その他の希望

持ち物の種類（品名）　保管場所

処分方法 □ 自分で処分 捨てる、譲る、寄付する（具体的な寄付先）など

いつごろまでに

もしものときは □捨ててかまわない □できればだれかにもらってほしい □家族にまかせる

その他の希望

デジタル関連の遺産について

記入日　　　年　　月　　日

送受信したメールや画像、パソコンやスマホ、タブレット端末など、
デジタル関連の整理が必要な時代です。ここで考えておきましょう。

POINT

* **デジタル資産とは何かを知っておこう**

デジタル資産に明確な定義はありませんが、パソコンやスマホ、タブレットといったデバイス（情報機器）、デバイスに蓄積された文書、メール、画像などのデータ、クラウドに残されたデータ、SNS などのアカウント、暗号資産（仮想通貨）や電子マネーなどをデジタル資産と呼びます。亡くなるとデジタル資産はデジタル遺産となります。

* **ログイン ID とパスワードを書き残す**

パソコンやスマホなどは、もしものときに家族や友人がログインできるようにしておくことも大切。そのための管理の工夫も必要です。

注意！

デバイスのログイン時の PIN コードや ID、パスワードについては悪用される危険があるため、ここにはヒントだけを書き、別紙に書いて封筒に入れて封印し、通帳や実印などの貴重品とともに保管し、信頼できる人に保管場所を伝えておくなど、細心の注意を払ってください。

スマートフォン（携帯電話）

※保存データの処理の希望については 72 ページ

メーカー・型番	契約先
電話番号	メールアドレス
ログイン時（ロック解除）のパスワード（PIN コード）	ID・パスワード

パソコン・タブレット

※保存データの処理の希望については 72 ページ

メーカー・型番	ログイン（ロック解除）時などのパスワード（PIN コード）
ユーザー名	メールアドレス
ID・パスワード	備考

メーカー・型番	ログイン（ロック解除）時などのパスワード（PIN コード）
ユーザー名	メールアドレス
ID・パスワード	備考

インターネット契約プロバイダー

プロバイダー名	
連絡先	
会員 ID	
パスワード	

利用している SNS（LINE・X・Facebook・Instagram など）※死後の扱いについては 73 ページ

SNS	ID/ ユーザー名	登録の電話番号・メールアドレス	パスワード

ブログ・ホームページ（ウェブサイト）など

ブログ・サイト名	登録メールアドレス
URL	
ID	パスワード

デジタルデータをどうするか

記入日　　　年　　　月　　　日

パソコンやスマホなどデバイス本体の処理、デバイスやクラウド上に残された
データの処理についての希望を記入して残しておきましょう。

POINT

＊ **見られたくないデータは処理を希望**

見てほしいデータ、見てほしくないデータなど、フォルダーに分けて、
わかりやすいように名前をつけておくのがおすすめです。
見られたくないデータにはロックをかけて開けないようにする方法もあります。
処理をまかせたい人がいれば記しておきましょう。

＊ **CD や DVD もチェック**

外付けハードディスクやUSBメモリ、CD、DVDなどのデータ処理についても
記入しておきましょう。

＊ **SNS のアカウントは残すと危険**

Facebook や Instagram、X など SNS のアカウントは放置すると悪用される危険があるので、
死後の扱いについて希望を記し、信頼できる人に対処を依頼するなどしておきましょう。

スマートフォンのデータ

□すべて中身は見ずに処分してほしい　□見ずに消去してほしいデータがある
□見てほしいデータがある　□すべて（　　　　　　）にまかせる

見てほしいデータ	見てほしくないデータ

その他

パソコンのデータ

□すべて中身は見ずに処分してほしい　□見ずに消去してほしいデータがある
□見てほしいデータがある　□すべて（　　　　　　）にまかせる

見てほしいデータ	見てほしくないデータ

その他

タブレットのデータ

□すべて中身は見ずに処分してほしい　□見ずに消去してほしいデータがある

□見てほしいデータがある　□すべて（　　　　　　　）にまかせる

見てほしいデータ

見てほしくないデータ

その他

外付けハードディスクのデータ

□すべて中身は見ずに処分してほしい　□見ずに消去してほしいデータがある

□見てほしいデータがある　□すべて（　　　　　　　）にまかせる

見てほしいデータ

見てほしくないデータ

その他

USB メモリのデータ

□すべて中身は見ずに処分してほしい　□見ずに消去してほしいデータがある

□見てほしいデータがある　□すべて（　　　　　　　）にまかせる

見てほしいデータ

見てほしくないデータ

その他

その他のデータ（CD、DVD など）

希望

SNS・ウェブサイト（ホームページ）

□死後すみやかにアカウントの削除（閉鎖）をしてほしい

□死去の報告をしてほしい
（SNS の種類　　　　　　　　　　）

その他

登録ウェブサイトの一覧

記入日　　　年　　月　　日

Amazon プライムなど、サブスクリプション（定額制のサービス）は、
自動でお金が引き落とされていくので必ず記録を残しておきましょう。

注意！

もしものときに解約などの必要があるサイトの場合は、ID とパスワードを別紙に記入し、封筒に入れて封印して通帳や実印などの貴重品と一緒に保管するなど、細心の注意を払ってください。

POINT

* インターネットのショップサイトやサービスサイトなど、よく使うウェブサイトの登録メールアドレス、ID、パスワードなどの一覧です。
* ID とパスワードの両方を記載すると悪用される危険があります。パスワードはヒントを書くか、再発行に必要な情報のヒントを書くようにしましょう。

サイト名	サイト名
ID ／ユーザー名	ID ／ユーザー名
メールアドレス	メールアドレス
パスワードのヒント	パスワードのヒント
MEMO	MEMO

サイト名	サイト名
ID ／ユーザー名	ID ／ユーザー名
メールアドレス	メールアドレス
パスワードのヒント	パスワードのヒント
MEMO	MEMO

サイト名	サイト名
ID ／ユーザー名	ID ／ユーザー名
メールアドレス	メールアドレス
パスワードのヒント	パスワードのヒント
MEMO	MEMO

サイト名	サイト名
ID ／ユーザー名	ID ／ユーザー名
メールアドレス	メールアドレス
パスワードのヒント	パスワードのヒント
MEMO	MEMO

気になること MEMO

記入日　　年　　月　　日

POINT

* 仕事の引き継ぎ、脱会手続きが必要な団体名と連絡先、プライバシーに関わる手紙や日記、写真の処分方法など、気になることがあれば書いておきましょう。

好きなこと・苦手なこと

記入日　　年　　月　　日

POINT

* 自分の好みや苦手なことを書いておきましょう。
* もし介護されることになった際に、あると助かる情報です。

好きな食べ物	苦手な食べ物
好きな飲み物	苦手な飲み物
好きな動物	苦手な動物
好きな音楽、アーティスト	好きな色や香り
好きなテレビ・ラジオ番組	好きな映画
好きな作家・本	思い出のある場所
好きな有名人	好きな場所

その他、好きなもの・こと

その他、苦手なこと、恐怖を感じること（○○恐怖症）

趣味	特技	性格

POINT

* 資格取得、受賞歴などがあれば書きましょう。
* サークル、ボランティア活動などに参加している場合は、書いておきましょう。

MEMO

ペットについて

記入日　　年　　月　　日

POINT

* もしもペットの世話ができなくなったら……、という状況を想定して、ペットに関する情報を記入しておきましょう。
* 備考には、いつもの散歩の時間や、好きな遊びなどを。

名前　　種類

性別　　生年月日　　年　　月　　日

登録番号　　血統書　あり（　　　　に保管）なし

食事　いつものごはん

好きな食べ物　　きらいな食べ物

これまでの病気・ケガなど　　避妊手術・去勢手術

飼育場所

備考

かかりつけの動物病院

病院名　　住所　　電話番号

備考

加入しているペット保険

保険会社名　　連絡先

保険の内容や請求方法など

行きつけのトリミングサロン、しつけ教室など

名称　　連絡先

内容

わたしが世話をできなくなったときの希望

大切な人へのメッセージ

記入日　　　年　　　月　　　日

さまへ

さまへ

さまへ

記入日　　　年　　月　　日

POINT

* 家族や親族、友人・知人など大切な人への思いを書いておくと、**思いが伝わります。**
* **ひと言でもかまいません。**感謝の気持ち、謝りたいこと、気になっていることなど、口ではなかなか伝えられないことを、書いて残しましょう。

さまへ

さまへ

さまへ

装丁・本文デザイン　若井裕美
装画　西淑
本文イラスト　須山奈津希
編集　田﨑佳子
編集担当　森信千夏（主婦の友社）

幸《しあわ》せに生《い》きるためのエンディングノート

2024年4月30日　第1刷発行
2024年8月20日　第3刷発行

編　者　主婦の友社
発行者　大宮敏靖
発行所　株式会社主婦の友社
〒141-0021　東京都品川区上大崎
3-1-1 目黒セントラルスクエア
電話 03-5280-7537
（内容・不良品等のお問い合わせ）
049-259-1236（販売）
印刷所　大日本印刷株式会社

ISBN 978-4-07-459431-3

■本のご注文は、お近くの書店または主婦の友社コールセンター（電話 0120-916-892）まで。
＊お問い合わせ受付時間　月～金（祝日を除く）　10:00 ～ 16:00
＊個人のお客さまからのよくある質問のご案内　https://shufunotomo.co.jp/faq/

本書の情報は2024年3月現在のものです。
〈免責事項〉
本書が提供する情報や内容を利用することで生じた、いかなる損害および問題に対して、弊社では一切の責任を負いかねますので、ご了承ください。